TWISTED इमोशन्स

नैन्सी वर्मा

Copyright © Nancy Verma
All Rights Reserved.

This book has been published with all efforts taken to make the material error-free after the consent of the author. However, the author and the publisher do not assume and hereby disclaim any liability to any party for any loss, damage, or disruption caused by errors or omissions, whether such errors or omissions result from negligence, accident, or any other cause.

While every effort has been made to avoid any mistake or omission, this publication is being sold on the condition and understanding that neither the author nor the publishers or printers would be liable in any manner to any person by reason of any mistake or omission in this publication or for any action taken or omitted to be taken or advice rendered or accepted on the basis of this work. For any defect in printing or binding the publishers will be liable only to replace the defective copy by another copy of this work then available.

क्रम-सूची

1. लिखती हूं

मैं शब्द नहीं जज़्बात लिखती हूं,
दिलों में छुपी हर बात लिखती हूं,
जो बिन कहे सुनी जाए,
ऐसे खयाल लिखती हूं,
किसी के बिखरते जज्बातों का हाल लिखती हूं,
तो किसी की चाहत का पैगाम लिखती हूं,
मशरुफ है जो अपनी जिम्मेदारियों में,
उनके अरमान लिखती हूं,
तो कहीं मगरूरों के कर्म का अंजाम लिखती हूं,
जरूरी नहीं मेरी हर कहानी मुझ पर जचे,
मैं तो मिले मुसाफिरों के दिल का हाल लिखती हूं।

2. शुकराना

मेरे सवरते दिन से लेकर, टिमटिमाती रात का,
अंधेरों में गुजरी सुबह से लेकर, रोशनी में लिपटी शाम का,
मेरे अतीत की यादों से लेकर, मेरे सुनहरे आज का,
शुकराना है मालिक तेरा, मुझे नवाजे हर एहसास का।
मेरे गिरते हुए अश्कों से लेकर, मेरे बढ़ते हुए हौसलों का,
मुझमें सिमटे खौफ से लेकर, मेरी बनती मजबूती का,
परियों की कहानियों से लेकर, असल जिंदगी के दास्तानों का,
शुकराना है खुदा तेरा, मुझे नवाजे हर जज्बातों का।

3. मां

खुदरे से चादर को रेशम से सजाती है,
टिमटिमाती धूप में पल्लू की ठंडक दे जाती है,
मेरे अंदर के तूफानों को मेरे चेहरे पर पढ़ जाती है,
और बिन सवाल किए मुझ पर बेशुमार प्यार लुटाती है।
मुझे हस्ता देख उसके चेहरे की रौनक लौट आती है,
और क्या कहूं तेरी तारीफ़ में मां,
अल्फाजों की कमी सी हो जाती है,
तू तो खुदा का नवाजा वो तौफा है,
जो चंद शब्दों में ना पिरोई जाती है।

4. पिता

इक शक्स है मेरी जिंदगी में,
जिनसे मैंने अपना आज देखा है,
मैंने खुदा तो नहीं देखा,
पर अपने पिता में अपना भगवान देखा है।
कहने को तो वो भी महज़ इन्सान है,
मगर इन्सान से इन्सानियत का सबक मैंने उनसे सीखा है,
गलत के सामने झुकना तो दूर की बात है,
मेरे पिता से मैंने सर उठा कर जीना सीखा है।
सच और झूठ तो दुनिया का खेल है
इस खेल में हार भी जाऊं तो फर्क नहीं पड़ता,
क्यूंकि सच्चाई के रास्ते पर
मैंने मेरे पिता से चलना सीखा है,
जिम्मेदारियों का बोझ वो हस्ते- हस्ते उठाते है,
मेरे गिरते हुए अश्कों का रूमाल बन जाते है,
अपनी चादर से बढ़कर मेरी ख्वाइशों को समेटा है,

मेरे पिता की बदौलत मैंने शान- ओ- शौकत देखा है।
चलो आज इक वादा में भी करती हूं,
आपकी ख्वाइशों को पूरा करने के पथ पर चलती हूं,
रेह ना जाए कोई तमन्ना अधूरी,
जिंदगी के हर पन्ने पर आपके ख्वाब लिखती हूं।
तारीफ़ के पुल तो बांध दुं कई,
पर बुरी नज़रों से में डरती हूं,
यूंही बरकरार रहे आपकी मुस्कुराहट,
यही हर सजदे में अरदास करती हूं।

5. दोस्ती

मेरे सुबह की चाय जैसी चाहत है वो दोस्ती,
मेरे आंखों की चमक की वजह है वो दोस्ती,
मेरे सपनों को सच करने की जुनून है वो दोस्ती,
मेरे बेचैन मिजाज़ का सुकून है वो दोस्ती।
मेरे जिंदगी के हर लम्हे में अमर है वो दोस्ती,
मेरे किस्मत में लिखी बेहतरीन मिसाल है वो दोस्ती,
मेरे जिंदगी के मलालों की मरहम है वो दोस्ती,
मै बयां नहीं करती पर मेरी जान है वो दोस्ती।
दोस्तों की होती जो डोर है वो दोस्ती,
मेरे अनमोल रत्नों में मेरी जान है बसती।

6. Sister

Remomber the day we had a fight,
Both were teary on the stupid night.
You are the one I can't live without,
But you look ugly the way you pout.

Always there to mend my mess,
Like the mother and no less.
I was the reason that you were beaten,
For the fruits of worship that I have eaten.
You were there to vanish my fears,
When I was vulnerable and in tears.
Love of a sister is far beyond the universe,
As the relation is written in soothing verse.

7. अधूरे इश्क

मैं उस अधूरे इश्क की नुमाइश करती हूं,
जिसमे फकत शर्तों का रिवाज़ ना हो,
बल्कि उनकी हल्की सी झलक का ही मशरुफाना अंदाज़ हो।
मैं उस अधूरे इश्क की नुमाइश करती हूं,
जिसमे जिस्मों की साज़िश ना हो,
बल्कि रूह का ऐतबार शामिल हो।
मैं उस अधूरे इश्क की नुमाइश करती हूं,
जिसमे लोगों के खयालात से ज्यादा,
हमारे जेहेन में सच्चाई हो।
मैं उस अधूरे इश्क की नुमाइश करती हूं,
जिसमे राही हीं रहूं तो क्या हुआ,
हमारी यादों में बेशूमार जान हो।

8.आगाज़

हवाएं रुख बदल रही है,

मौसम अंगड़ाइयां ले रही है,

कुछ तो ऐसा हो रहा है,

जो पहले कभी ना हुआ है।

ना जाने किस रास्ते जिंदगी मुड़ रही है,

करवटों में इक ताज़गी सी लग रही है,

ये एहसास बड़ा अनजाना सा है,

पर क्यूं ना लगता की बेगाना सा है।

नई आहटें दस्तक दे रही है,

दिल - ए- मलाल में इक कमी सी लग रही है,

ना जाने किस नए सफर का आगाज़ हो रहा है,

जो यूं मेरे शहर में हर रात आयात लग रही है।

9. खोने से डरती हूं

यूं जो मुझे किसी और से बातें करता देख,

तुम आंखें मिचते हो,

तुम्हारे जहन में चल रही बातें मै भी समझ जाया करती हूं,

सिर्फ तुम ही नहीं, मै भी तुम्हे खोने से डरती हूं।

यूं जो मेरी सांसों का रूह बदलते ही,

तुम मेरे जज़्बात समझ जाया करते हो,

सिर्फ तुम ही नहीं में भी तुम्हे खोने से डरती हूं।

यूं जो मुझे रोता देख,

तुम्हारी भी आंखें नम हो जाया करती है,

मुझे हसाने की कोशिश में जो तुम अपना मजाक बनाया करते हो,

सिर्फ तुम ही नहीं में भी तुम्हे खोने से डरती हूं।

यूं जो तुम अपने गमों को परे रख,

सिर्फ मेरी खुशी को तवज्जु देते हो,

सिर्फ तुम ही नहीं में भी तुम्हे खोने से डरती हूं।

हां! सिर्फ तुम ही नहीं में भी तुम्हे खोने से डरती हूं।

10. इंतजार

ना जाने इन आंखों को उसके दीद का इंतजार क्यूं है,
ना जाने मेरा तुझसे रुबरू होने का इम्तहान कब है,
क्यूं ना खोज पाऊं में अपनी परेशानी का हल,
हर सवाल में बसा बस तू ही तू है।
ना फिक्र आज की ना कल का दर सता रहा,
ये दिल बस बेबाक तेरा नाम लिया जा रहा,
कोशिश जो करूं इसके जज्बातों को दबाने की,
धड़कनों में बसा सिर्फ तेरा नाम लिया जा रहा,
ना जानू क्या होगा आगे,
बस तुझमैं बसा मेरा आज मुस्कुरा रहा।

11. बेजुबान

भटक रहा है गलियों में,
निवाले की तलाश में,
ना कोई बैर पाला उसने तुमसे,
पर आस छुपी है आंखों में।
मासूम से चेहरे पर वो निशाने,
इन्सानियत की दे रही गवाही है,
क्यूं भूल रहे हो अपनी नैतिकता,
बेजुबान को मार कर, ना कर खुद को शर्मिंदा।
कहते हो उसको आवारा,
खुद पर दिया ना ध्यान कभी,
दो पल जियो जो जिंदगी उनकी,
समझो कई कितने कुरुर है,
केह ना पाते वो कुछ भी हमसे,

लगता इसी बात का तुम्हे गुरूर है,
दो पल जो झांको आंखों में इनकी,
मालूम पड़े यह कितने मजबूर है।
ना चाहिए उसे तेरी दौलत,
ना चाहिए उसे तेरा व्यापार,
प्यार से फेरों हाथ जो दो पल,
ये हो जाते है उन पर कुर्बान।
कद्र करो हर जीवन की,
उनमें भी बसी है इक जान।

12. Reaching out

Living in the crosswoods.
Figuring the virtuous road,
Being so unfathomable,
Coz of lots of misconstrue.
Deciding the way to forge ahead,
Getting lost in the thoughts of being wronged,
Nowhere gonna repeat the fuss,
Don't wanna be my clingy self.
Remembering the hurdles passed away,
Becoming resilient while moving in a way,
Leaving the fear of misestimate,
Being the subtlest along with the mistakes.
Burried the worries to plough on,
Decided the way to move on,
Left the old apparition to press on,
Reaching out to gain the soothing self.

13. जरूरी तो नहीं

हर ख्वाहिश पूरी हो, जरूरी तो नहीं,
ख्वाबों को सजाते सजाते अगर अंधेरों में खो भी जाए,
तो उन ख्वाबों में ही ऐब हो, ये जरूरी तो नहीं,
अगर साथ चलते चलते हाथ छूट भी जाए,
तो वो राह ही गलत हो, ये जरूरी तो नहीं,
ख्वाइशों का क्या है बनते है बिखरते है,
इस डर से ख्वाब ही ना संजोए, ये जरूरी तो नहीं,
और जिंदगी में हर ख्वाहिश पूरी हो,
ये जरूरी तो नहीं।

14. कभी फुर्सत में मिलूं तो कहूंगी तुमसे

कभी फुर्सत में मिलूं तो कहूंगी तुमसे,
की जब पहली बार उस झरोखे से तुम्हे देखा था,
मानो लम्हा थम सा गया था,
और में तुममें को सी गई थी।
कभी फुर्सत में मिलूं तो कहूंगी तुमसे,
की उन छोटे छोटे झगड़ों के दरमियान,
तुमने कब दबे पांव मेरी रूह तक का फासला तय कर लिया
मुझे पता ही ना चला।
कभी फुर्सत में मिलूं तो कहूंगी तुमसे,
की तुम्हारे ये जो नखरे है,
वो तुमसे ज्यादा मुझ पर जचते है, और
उन छुपे जज्बातों को, हम भी समझ जाया करते है।
कभी फुर्सत में मिलूं तो कहूंगी तुमसे,
हमे जो दूर रखने की नाकामयाब कोशिश करते हो
ना हो पाएगा तुमसे ये हसीन सितम

इस बात को हम बखूबी जानते है।
कभी फुर्सत में मिलूं तो कहूंगी तुमसे।।

15. उत्तरजीवी

हालात से जो हारे गए,
ये वो बुजदिल इंसान नहीं,
खून से सरहद संवारे,
ये उस भारत मां की शान है।
छूटता है घर अपना,
वतन पर प्यार लुटाते है,
देश के गौरव के लिए,
तिरंगे में लिपट जाते है।
सलाम है उनकी मां को,
सलाम है उनकी मोहब्बत को,
जो देश पर कुर्बान कर गए,
अपनी धड़कनों में बसी जान को।
वतन पर मर मिटने वाले,
वो वीर कहलाए जाते है,
कोई समझे उनके परिवार को,
जो ये दर्द सहे जाते है।
आसान नहीं होता,
इक फौजी के घर का हिस्सा होना,
उनकी रुक्सती पर जो ये,
उत्तरजीवी हो जाते है।

16. दहेज़

सदियों से है रीत पुरानी,

पड़ती है जो प्रीत पर भारी,
प्रथा के नाम पर यहां लूटा है जाता,
कमाई अनुसार बेटे को तौला है जाता।
यहां रकम लगाई जाती है,
बेटी को ज़ख़्म ना लगने के लिए,
यहां बिकता है वो हर दूल्हा,
किसी की बेटी को खुश रखने के लिए।
नारी से ही तो तुम ये जीवन पाते,
नारी से ही तुम शिव हो कहलाते,
जो उस नारी का ना सम्मान कर पाते,
इस जगत में चारो ओर कहीं सुकून ना पाते।
दहेज़ को देते है तौफे का नाम,
अरे कब तक लूटोगे उस बेबस बाप का मान,
अब बहुत हुआ रोक दो ये जाहिल काम,
अब तो रख को अपनी धरती मां का सम्मान।
मत दो इस घिनौनेपन को प्रथा का नाम,
ना करो बदनाम अपने देश की शान,
मिलाओ हाथ और रखो ये पैमान,
की दहेज़ प्रथा का ना बचे नाम-ओ- निशान।

17. कुल्हड़

बैठे है परिंदे, उड़ने की आस है,
इन्हें तो बस एक, आशियाने की तालाश है,
भटक रहे है आवारा से वादियों में,
कहते है वादियों में छुपी इक प्यास है।
शुरू होती है इनकी कहानियां चुस्कियों में,
उतर जाती है रगों में कुछ ही पलों में,
चुस्कियों में ही अरमान ये पिरोए जा रहे है,

घूंट घूंट जहन में सपने बसाए जा रहे है।
ना कल की परवाह ना आज का डर,
बस अपने लम्हों को जिए जा रहे है,
वादियों में यूंही गुमसुम हो कर,
बस कुल्हड़ बदले जा रहे है।
बस कुल्हड़ बदले जा रहे है।।

18. Life

Life is a journey, from birth to death,
Need to buckle up, to forge ahead.
As it takes, lots of courage,
From being a child, to a young women.
At every phase, taught compromises,
Asked to smile, while doing sacrifices.
Being amused by the love of her life,
Mastering the art of being a stoic.
However happiness finds its way,
Along with sorrows, she knows how to glare.

19. परिवेश

कहते है उन वादियों में, सुकून का रस्ता बस्ता है,
जहां अंकन से नाते तोड़ सारे, बस रब से होता वास्ता है।
गुजारू चंद लम्हे जो में, उन पहाड़ों के साए में,
लागे मा के पल्लू सी राहत, बिच्छी हो रिरहाने में।
वादियों में छुपी कुछ तो खास बात है, जो हर पल लागे सुकून सा
एहसास है,

लगे हवाएं कर रही हो अनगिनत बातें, दे रही हो जिंदगी जीने की
सौगातें।
वहां की हर इक रचना एक सीख दे जाती है,
जिंदगी में संघर्षों से लड़ने का सबक दे जाती है।
अपने हौसलों से हमे पैगाम दे जाती है,
हमारी मुश्किलों का हाल आसान कर जाती है।
वहां के पेड़ों ने सिखाया मुझे, हर हाल में बढ़ने का हुनर,
वहां के झरनों ने सिखाया मुझे, जिंदगी के बहाव के साथ जीने का
सबक।
चहकती पंछियां सुरीले अल्फाजों केह जाती है,
सफर को आगे बढ़ाने का आगाज़ दे जाती है,
तंपन के एहसास को ठंडी चांदनी सी राहत दे जाती है,
डगमगाते कदमों को सीख मजबूत चट्टानों से दे जाती है।
कुछ लम्हे जो गुजारने हो ह मुझे खुद के साथ,
इन पहाड़ों को अपना शहर मान लेती हूं।
मेरे सुकून की तालाश जहां खत्म होती है,
मैं उन फिजाओं को अपना घर मान लेती हूं।

20. तो बात करते है

मेरी ग़लती पर लोगों के सामने चीखना छोड़ कर,
गर मेरे जज्बातों को समझने का हुनर रखते हो,
तो बात करते है।
मुझे महंगे तौफों का शौक नहीं,
गर मेरी खातिर प्यार के चंद शब्द लिख सकते हो,
तो बात करते है।
जिस्मों के खेल में मुझे उलझना नहीं आता,
तुम गर मेरी रूह में उतरना चाहते हो,
तो बात करते है।

इस मतलबी सी दुनिया का अर्थ बदल,
गर बेवजह मेरा साथ निभाना चाहते हो,
तो बात करते है।

21. इक शक्स

भटकता है दिल आवारा राहों पर,
ना जाने इसे किसकी तलाश रहती है,
जो मिल जाए उनके जज़्बातों को कदर,
इन्हे तो बस उस आशियाने कि तड़प रहती है,
सजा कर रखे जो उस मकान को इज्जत से,
इन्हे तो बस इक ऐसे शक्स की इबादत रहती है।
गर मिल जाए ऐसा शक्स जमाने में,
बेकद्री का एहसास मीलों दूर का रखना,
नाराज़गी में भी प्यार यूंही भरपूर रखना,
क्यूंकि नसीबों का लिखा भी मुड़ जाता है,
गर कदर का एहसास फिका पड़ जाता है।

22. क्या ही बात हो

जो केह ना सकूं उन बातों को,
मुस्कां के पीछे छुपे दिल के हालातों को,
जो तुम बिन कहे ही समझ जाओ,
तो क्या ही बात हो।
जो रूठ जाऊं कभी में तुमसे,
नाराज़गी की वजह गर आंखों में पढ़ जाओ,
तो क्या ही बात हो।
मेरी बातों में दिखती जो कड़वाहट है,
उसके पीछे मेरी नादानियां समझ पाओ,

तो क्या ही बात हो।
मैं किसी खुली किताब की तरह नहीं,
मेरे हर पन्ने मे ठहराव है,
गर जल्दबाजी ना हो तुम्हे,
तो क्या ही बात हो।

23. नादान परिंदे

मैं अक्सर यूंही सोचा करती हूं,
कई सवालों के जवाब तलाशा करती हूं,
मै वो थी जिसकी मासूमियत पहचान थी,
या ये हूं जो समझदारी की मिसाल है।
कुछ केहना था तुमसे जो कभी केह ना पाई,
जब समझदारी आई तब तुम्हे गुजरे लम्हों में बैठा पाई,
तुम बुरी नहीं मेहेज नादान थी,
जो सबको अच्छा समझे ऐसी तुम्हारी पहचान थी।
कुछ बातें है जो तुम्हे सिखानी है,
एक नई तस्वीर है जो तुम्हे बनानी है,
परेशानियों के दौर में संभलना है तुम्हे,
ना बेहकना है गैरों के मतलबी साथ से तुम्हे।
तुम में खामियां नहीं भोली सी सीरत थी,
किसी का दर्द ना देख पाओ ऐसी तुम्हारी फितरत थी,
पाक और नापाक इरादों में फर्क समझाना चाहती हूं,
मै तुम्हे फरेबियों के इरादों से बचाना चाहती हूं।
ठोकरों से डरने वाली वो हार ना बनना,
बल्कि मुंह तोड़ जवाब देने का हौसला रखना,
गलतियां इन्सान की पहचान है, उसे अपनी कमजोरी ना समझना,
तुम्हारे चेहरे की मुस्कान गवाह है बहादुरी की, उसे जहन में रखना।
अलविदा लेती हूं अब तुमसे मेरी सीख को याद रखना,

मेरी बातों को अपने अंदर सजाए रखना।

24. Chaos

The girl with the power,
Have become the coward,
For the sake of filthy society,
She is suffering from anxiety.
The day she choses to raise her voice,
Her emotions was neglected as some noise,
Putting the efforts and loosing the turns,
She raised up again to heal the burns.
The glooming eyes sometimes become teary,
As the nights have become almost scary,
Unaware of the power of her thoughts,
She had started having self doubts.
The day she realised self love,
Was the day she went all above,
Then teary eyes now have contagious smile,
And left the worries away some miles.
Life is a journey will always have turns,
Smile is the best way to heal every burns.

25. ख़ामोशी

ख़ामोशी की भी अपनी इक आवाज़ होती है,
हर शक्स सुन ले उसे सबमें वो बात नहीं होती है,
कुछ में सैलाब तो कुछ में आग होती है,
यूंही नहीं तन्हाई किसी की पहचान होती है।

जो लग जाए तनहाई के सुकून का स्वाद,
वो अपनी छोटी छोटी चीजों में खुशियां ढूंढ लेते है,
इस मतलबी सी दुनिया में बेमतलब के कुछ पल जी लेते है,
लोगों से नाउम्मीद कर बस खुद से रिश्ता जोड़ लेते है।

26. प्रेम

प्रेम में ठहराव है, तो प्रेम में गहराई भी,
प्रेम में पवित्रता, तो प्रेम में छलाव भी,
प्रेम में सुकून है, तो प्रेम में जुनून भी,
प्रेम अर्थ मोक्ष का, तो निरर्थ इसका वेश भी,
प्रेम में संपूर्णता, तो प्रेम के अर्ध रूप भी,
प्रेम को ना समझ सको, अनेक इसके रूप सभी।

27. हदें

कुछ यूं हमने अपनी हदें बनाए रखी है,
गर चाहत ना हो, तो प्यार भरी बातें ना होती है,
जो खुदा ना मानुं तो खुदाई ना होती है,
कभी सच को झूठलाऊं ऐसी कोई बातें नहीं होती है,
जो निभाने पर आऊं तो परवार्तिगार से मुलाकातें होती है,
जो हाथ थामा तो उदासियों में गुजरी कोई रातें नहीं होती है,
जो ठुकरा दिया एक बार फिर गैरों से भी तेरी बातें नहीं होती है।

28. रातें

जिंदगी में कई ऐसी रातें आती हैं,
नम हो जाती है आंखें, और
अश्कों की बरसात हो जाती है,

दिन में हस्ते चेहरों पर भी,
गमों की सौगात लिए अंधेरी रात आती है,
जी करता है कहीं दफन कर दूं इन्हे,
ये जो बिन बुलाए गुजरे दिनों की याद आती है।

29. आखिर बात क्या है

आज इस चेहक्ते से चेहरे के दरमियान,
तुम्हारे माथे की सिलवटें कुछ कह रही है,
आखिर बात क्या है।
बातों के लेहजे में छुपी जो तुम्हारी,
ख़ामोशी चीख रही है,
आखिर बात क्या है।
कुछ कहना नहीं,
गर के दिया तो तुम्हारे लबों की थरथराहट,
रात के अश्कों को बयां कर जाएंगी, और मैं पूछूंगी,
आखिर बात क्या है।
गर छुपाना है हमसे हाल-ए- दिल,
तो फरेबी मुस्कुराहट के साथ,
आंखों में चमक लाने की अदा सीख कर आईये,
क्यूंकि हम शब्दों से ज्यादा आपकी आंखें पढ़ते है,
अपने चेहरे पर सच्ची हसी तो लाईए।
बस ऐसा कहने वाला कोई जिंदगी में रहे,
तो फिर बात ही क्या है।

30. Nostalgia

Moving through the woods and tress,
Got a spine spine chilling thought in me

As memories broke me in a drastic way,
Thinking of the day you flung away,
Remembering the days we spent together,
Hoping to see you treat me better,
Still fighting with the wreckage you caused,
Coz you were a menace with lots of flaws,
Picking myself up for another turns,
Coz now I am calm! No rush.

31. यादों का शहर

यादों के शहर में इक मकान छोड़ आए है,
पुराने एहसासों से अपना वास्ता तोड़ आए है,
पुकारती है वो मुझे अपने हिस्से की तरह,
मै नजरअंदाज करती हूं उसे किसी किस्से की तरह,
कहती है पलट कर देख मैं तेरा ही हिस्सा हूं,
मैं कहती हूं अब मैं नए सफर का हिस्सा हूं,
अपनी बातों में वो मुझे इस क़दर उलझा जाती है,
फिर बीते लम्हों में लपेट पुराने एहसास दिला जाती है।

32. समझदारी का वक्त नहीं है

कहने को जज्बातों की नहीं,
बस अल्फाजों की कमी है,
शब्दों के बाज़ार से चुन तो लाउं,
बेहतरीन किस्से,
पर लिखने की चाहत की कमी है,
उलझे हुए है कुछ फसाने,
उन हिस्सों को सुलझाने को चाहत नहीं है,

वरना कहने को तो हम भी बहुत समझदार है,
बस अभी एहसासों के जमाने में,
समझदारी का वक्त नहीं है।

33. जिंदगी

कर रही है सितम तू इतने,
फिर भी हम मुस्कुरा रहे है,
राहों में बीच रही है कांटे,
फिर भी हम सफर तय किए जा रहे है।
फकत शोर से डरने वाले लोग,
आज अपनी चिखें छुपा रहे है,
अब तो तू भी दे दे साथ हमारा,
क्यूंकि हम भी तुझे अपना नसीब मान,
यूंही मुस्कुरा रहे है।
तू भी हमारा हाल देख,
कभी हमसे भी यारी निभा ले,
यारों की तरह, कभी तू भी हमे हसा दे,
ए जिंदगी तूने बहुत कुछ सिखाया है,
अब तू भी हमारी सोच, हमे गले लगा ले।

34. डायरी

उन पन्नों में मेरी चाह लिखी है,
जो केह ना पाई वो एहसास लिखी है,
तो महज़ इक डायरी नहीं,
उसके हर एक हिस्से में मैंने,
अपने दिल की जुबान लिखी है।
किसी पन्ने में हूं मशरुफ यहां,

तो किसी पन्ने में मजबूर हूं,
किसी पन्ने में हूं शौकीन यहां,
तो किसी पन्ने में शौखहीन हूं।
कभी ज़ख़्म छुपाने को मखमली पर्दा करती हूं,
तो कभी हालातों का इल्म बेवजह करती हूं,
समझना आसान नहीं है मुझे,
मै इक अनकही कहानी सी फिरती हूं।
चंद दास्तां छुपी है उन पन्नों मै,
जिनके जिक्र पर में पर्दा करती हूं।

35. दिल - ए - एहसास

उन छोटी छोटी बातों में,
हस्ते खेलते चंद मुलाकातों में,
मानो मैंने एक अरसे को जिया है,
इसी तरह प्यार के मैंने कई लम्हों को जिया है।
परेशान है वो मेरी खातिर,
उनकी डांट में छुपे फिक्र को मैंने देखा है,
मैंने हर पल मेरे पिता को,
मेरी खुशियां के लिए कुर्बान होते देखा है।
मां की ममता सर्वोपरि है,
बच्चों के लिए उसे भूखे सोते देखा है,
मेरी मां की गोद में सो कर,
मैंने स्वर्ग के एहसास को देखा है,
उन होती नोकझोक में,
झगड़ों की आगोश में,
उठती उंगलियों का जवाब पत्थर से देते,
मैंने मेरी बहन को मेरा बचाव करते देखा है।
चंद रिश्ते है मेरी जिंदगी में,

36. Struggle

Days are drowning, Nights are harsh,
Helplessness drizzling, Messed are thoughts.
Fighting the darkness, covering the sickness,
Avoiding the harshness, towards ourselves,
And,
Feel the glimpse of unfathomable soothness.
Resolving the history, sanctifying the victory,
Intentions are immaculatory, achievement become
mamdatory.

37. Forgiveness

Forgiving is the art of attaining peace,
Not everyone have the same grit,
Never looking back at them for own relief,
Don't be a coward to acclimate the flee.
Easier is to smile by liberating the filth,
Still left with an apparition living in guilt,
Need to realise the wailing instinct,
Never forget to forgive one's own suffering stilt.

38. सीख चुके है

इन कस्मों वादों में हमे ना उलझाना,
की हम रिवाजों से दूर हो चुके है।
ना जोड़ना हमसे नाते उम्र भर के,
की हम उन रास्तों को छोड़ चुके है।
ना समझना की भटक जाएंगे हम,
की अब संभालना सीख चुके है।
कितना भी तोड़ ले हालात हमे,
हम उन्हे भी सजा कर जीना सीख चुके है।

39. शिकवा शिकायत

ना शिकवा ना कोई शिकायत है,
बस गुजरे लम्हों की कुछ आहट है,
औरों से कर बैठे उस भरोसे को,
पल भर में तोड़ने की चाहत है,
अपनी खुशियों की वजह अब खुद ही बनना है,
ना शिकवा ना शिकायत अब किसी से रखना है।

40. कदर

दुनिया की रस्मों में एक बेगैरती सा किस्सा है,
जो पास है उसकी कदर नहीं, वो दूर बैठा अपना है,
जब रहे वो साथ मुसाफिरों सा एहसास दिलाता है,
रुक्साती पर उसकी काफिरों सा भटकता जाता है,
नासमझ जमाने में इतनी सी समझ ना आती है,
दिल - ए- ख़ास की जुदाई पर खुदा को गुनेहगार बताती है,

41. एहसास

एक लम्हे में कई एहसास को जिया है,
कभी टूटते बिखरते अरमान को,
तो कभी उन हसीन लम्हात को जिया है,
कभी दूर होने की तमन्ना को,
तो कभी उसकी होती जरूरत को महसूस किया है,
कभी दर्द भरी ख़ामोशी में,
तो कभी खिलखिलाती मुस्कुराहट में,
मैंने उसके हर जज़्बात को जिया है,
नफरतों के दौर में मुसाफिर ही रह गए,
पर मोहब्बत में काफिरों ने मंज़िल को जिया है,
मैंने हर लमहात में सिर्फ तुझे जिया है।

42. आचरण

हमे आदत नहीं अपने एहसास जताने की,
हमे आदत नहीं अपने जज़्बात इश्तेहारों में लगाने की,
जहीन तो नहीं, चोट खा कर संभालना सीखते है,
दोबारा उन हालातों से रूबरू हो जाऊं,
हम इतने भी शौकीन नहीं।
जो केह दूं किसी को अपना, तो हमसे रुसवाई ना होती है,
नजर से उतार दूं जो, तो हमसे झूठी वाह वाई ना होती है,
माना खामियां मुझमें भी है, जिसे नकारना मेरी फितरत नहीं है,
क्यूंकि गलतियों पर शाबाशियां, हमे भी मंजूर नहीं है।

43. Fantasy

Some have desire of touching the stars,
While some have desires to bury the scars.
Some have desires to live in the moment,

While Some have desires to earn a living.
Some have desires to wander around,
While some have desires to stand in the ground.
Some have desire to work on a fiction,
While some have desire to fight for the nation.
Some have desires to have a happy ending,
While some are happy with sketchy ending.
Some have desires of name and fame,
While some have desires of money game.
For some, desires are the scope of happiness,
For some, desires are meant to be scrappiness.

44. कोशिश करते है

कल तक अंधेरे जी रहे थे,
हम आज उजाले करते है,
हम रोज नई चुनौतियों से,
पूरी शिद्दत से लड़ते है,
हार ना मानना हमने सीखा,
बेमिसाल हमारा जज़्बा है,
ठोकरों की मार से भी ना झुकना,
हमने खुद ही संभालना सीखा है,
आज बुरा हो तो भी हम हौसलों में,
इक नई रवानी रखते है,
खुद को बना दे कल से बेहतर,
हम रोज ये कोशिश करते है।
हम रोज ये कोशिश करते है।।

45. Health is wealth

In a busy hectic schedule,
People work according module,
Neglect the terms of healthiness,
Now suffering because of sickness.
Need to focus on the important factivity,
Without health you don't have tenacity,
Forgetting the aspect of blessed health,
Never gonna plough for fruitful wealth.
Either physically or mentally,
Need to protect the cherish thoroughly,
Coz these are the treasures
Once gone reinstate barely.

46. रूपांतर

दिलों में घबराहट इश्तहार कर रही है,
धड़कनों में रवानी तेज़ी का पैगाम दे रही है,
एक नन्ही सी रुदन की आवाज़,
जिंदगी के कोरे कागज़ पर आगाज़ लिख रही है।
बधाईयों की शोर से माहौल गूंज रहा है,
मिठाइयों की भेंट से दामन सज रहा है,
किए हुए इबादतों का शुक्राना हो रहा है,
घर इक नन्हे मेहमान का आगमन हो रहा है।
बड़े नाजों से पाला जाता है उसे,
कोई चोट ना लगने देते है,
तकलीफ जो हो जाए अगर,
घर सर उठा फिरते है।

बचपन में था खेल दुलारा,
मां से बढ़कर ना था कोई प्यारा,
बेबाक जिंदगी खुशियों से जीते थे,
बेफिकरे पिता की आगोश में सोते थे।
योवावस्था में कदम जो ये बढ़ाते है,
गमों को पर्दे में रखना सीख जाते है,
कमसिन उम्र से ही खुद को परे रख,
ये बस अपनों की खुशी के लिए जिए जाते है।
मां की खुशियों को सर आंखों पर बिठाते है,
पिता की जिम्मेदारियों को अपने सर उठाते है,
यारों की खातिर हर हद से गुजर जाते है,
और प्यार मै आशिकों सा हाल कर जाते है।
जिंदगी में एक मोड़ ऐसा भी आता है,
जब यार अपना बेगाना हो जाता है,
ना जाने ऐसी क्या मजबूरी आती है,
जो पीठ पीछे खंजर भोंका जाता है।
मोहब्बत में भी काफिरों सा हाल होया करता है,
दर दर मांगे मुरादे यार की,
इबादतों में लिपटा चाहत का पैगाम होता है,
इस किस्से से भी इक कोरा पन्ना भरता है।
ना पहुंचे जो मुकाम पर,
नाकारों का नाम उन्हे मिलता है,
जलील किया जाता है उन्हे सरेआम,
संभालने को कोई हाथ ना देता है।
नासमझ से समझदारी का सफर,
ये मुश्किलों मै लिपटे हौसलों से करते है,
जब वक्त आता है नई जिंदगी की शुरुआत का,
ये अपनी जिम्मेदारियां बखूबी निभाते है।
आसान नहीं होता अपने सपनों को किनारा करना,

• xxx •

चांदनी छोड़ तपते सूरज को अपनाना,
मेहरबां था खुदा हम संतानों पर,
इसीलिए पिता के रूप में पुरुष का अर्थ है समझाया।

47. What's that smell

Following a road, leading to temple,
Covering the sorrow, to feel ample,
Hey wait!!
What's that smell!
It's the same fragrance, you use to wear,
For a moment, I am surprised,
The drizzling love, beget the draughted mind,
Are you here!
Unfortunately the illusion dis-intigrate,
Somebody else, have the same incense,
Hugged despondency, adorning the grief,
Left the absurd feeling, ploughing on to live,
For a time passing by, my reminisce was disturbed by a guy,
Who was negotiating the flowers to buy,
Consoling the shattered self and stepping on,
As you were not there to support my flaws,
Walking by few meters,
A smell blowed my mistful thoughts,
And heaved into the days,
We had teas and lot of talks,
Trying to collect the shattered pieces,
As I was no longer a fortunate Mrs. ,

Hasten to the temple sprightly,
Negotiating for the curses plighting,
However managed to mend my emotions,
Coz my man was brave and fought for the nation,
Requisiting prayer for the strength I desire,
At least provide the courage I require,
I assent,
No amount of prayer could bring him back
Authorize the immaculate soul into salvation,
And for the next life again, bless with the same
infatuation.
Thank you

www.ingramcontent.com/pod-product-compliance
Lightning Source LLC
Chambersburg PA
CBHW031640170726
47990CB00018B/1572